BEI GRIN MACHT SICH IHR WISSEN BEZAHLT

Verfremdungseffekte im post-brechtschen Theater. Die Uraufführung von "Die lächerliche Finsternis" von Wolfram Lotz

Falk Kurt Bräcklein

Bibliografische Information der Deutschen Nationalbibliothek:

Die Deutsche Nationalbibliothek verzeichnet diese Publikation in der Deutschen Nationalbibliografie; detaillierte bibliografische Daten sind im Internet über http://dnb.d-nb.de abrufbar.

ISBN: 9783346405715
Dieses Buch ist auch als E-Book erhältlich.

© GRIN Publishing GmbH
Nymphenburger Straße 86
80636 München

Druck und Bindung: Books on Demand GmbH, Norderstedt Germany
Gedruckt auf säurefreiem Papier aus verantwortungsvollen Quellen

Das vorliegende Werk wurde sorgfältig erarbeitet. Dennoch übernehmen Autoren und Verlag für die Richtigkeit von Angaben, Hinweisen, Links und Ratschlägen sowie eventuelle Druckfehler keine Haftung.

Das Buch bei GRIN: https://www.grin.com/document/1012348

Fakultät für Sprach-, Literatur- und Kulturwissenschaften
Institut für Germanistik
Lehrstuhl für Neuere Deutsche Literaturwissenschaft 2
35545 - Methoden der Inszenierungsanalyse
Wintersemester 2018/19

Mit dem Boot den Hindukusch hinauf

—

Der Einsatz von Verfremdungseffekten im post-brecht'schen Theater am Beispiel der

Uraufführung von *Die lächerliche Finsternis* von Wolfram Lotz

Falk Bräcklein
Deutsche Sprachwissenschaft, Politikwissenschaft und
Geschichte (B.A.), 9. Fachsemester
Abgabedatum: 02.12.2020

Inhaltsverzeichnis

1. Einleitung

Globalisierung; internationaler Terrorismus; die europäische Kolonisation auf dem afrikanischen Kontinent und ihr postkoloniales Erbe; christliche Missionierung; das Verhältnis der westlichen Welt zum politischen Islam; die Anschläge vom 11. September; der Vietnamkrieg; die Auslandseinsätze der Bundeswehr in Jugoslawien, Afghanistan und Somalia; globale Konflikte um die Kontrolle über Rohstoffe; die deutsche Einheit: Die Liste der verarbeiteten Themen in dem von Wolfram Lotz als Hörspiel konzipierten Drama *Die lächerliche Finsternis* ist lang und es erscheint als nahezu unmöglich, diese umfassend an einem Theaterabend mit zumutbarer Länge zu behandeln.[1] Doch bereits in seiner *Rede zum unmöglichen Theater* plädiert Lotz dafür, Kreativität nicht von den Konventionen und Limitierungen des Mediums abhängig zu machen:

> Das Theater ist der Ort, wo Wirklichkeit und Fiktion aufeinandertreffen, und es ist also der Ort, wo beides seine Fassung verliert in einer heiligen Kollision. [...] Im Wissen darum, dass die Fiktion aufsetzen wird auf der Landebahn der Wirklichkeit, passen [die Autor*innen] diese zuvor an die Wirklichkeit an. So opfern sie die Fiktion auf dem Altaratartrara der Wirklichkeit. Dabei darf nicht die Wirklichkeit die Fiktion bestimmen, sondern die Fiktion muss die Wirklichkeit verändern.[2]

Diesen Anspruch versuchte Regisseur Dušan David Pařízek einzulösen, als er die Bühnenfassung des Stückes am 6. September 2014 vom Ensemble des Wiener Akademietheaters erstmals aufführen ließ.[3] Die Kritiken waren überzeugend: der Hörspieltext gewann bei der Umfrage von *Theater heute* in der Kategorie *Deutschsprachiges Stück des Jahres*. Die Uraufführung wurde zur *Inszenierung des Jahres* gewählt: veranstaltet im *Bühnenbild des Jahres* und besetzt mit der *Nachwuchsschauspielerin und Schauspielerin des Jahres*, Stefanie Reinsperger.[4] In der Umfrage unter Theaterkritiker*innen ließ die Inszenierung unter anderem das am 12. September 2014 am Hamburger Thalia-Theater uraufgeführte Fluchtdrama *Die Schutzbefohlenen* von Elfriede Jelinek hinter sich.[5]

---

[1] Lotz, Wolfram: *Die lächerliche Finsternis*. Hörspiel, Frankfurt am Main 2013. Im Folgenden: *Hörspieltext*.
[2] Lotz, Wolfram: *Rede zum unmöglichen Theater*, <http://dasuntergehendeschiff.blogspot.com/2009/09/rede-zum-unmoglichen-theater.html>, abgerufen am 02.12.2020.
[3] Lotz, Wolfram: *Die lächerliche Finsternis*. Regie: Dušan David Pařízek. Burgtheater Wien 2014. Fernsehregie: Catharina Kleber, Hannes Rossacher. Fassung: Fernsehmitschnitt. ZDFkultur, 28.08.2015. 100 Minuten. Im Folgenden: *Uraufführung*.
[4] Vgl. Anonym: *Die Ergebnisse der Theater heute-Kritikerumfrage 2015 – 42 Kritiker nennen Höhepunkte der Saison 2014/15*, <https://www.der-theaterverlag.de/theater-heute/aktuelles-heft/artikel/kritikerumfrage-theater-heute/>, abgerufen am 02.12.2020.
[5] Vgl. Jelinek, Elfriede: *Die Schutzbefohlenen*. Regie: Nicolas Stemann. Thalia-Theater Hamburg 2014, <https://www.thalia-theater.de/stueck/die-schutzbefohlenen-2014>, abgerufen am 02.12.2020.

Das Stück wurde zum Mülheimer Dramatikerpreis eingeladen,[6] zudem für die Shortlist des Berliner Theatertreffens nominiert.[7] *Deutschlandfunk Kultur* bezeichnete es gar als „Bühnen-Blockbuster".[8] Die Resonanz war auch beim Publikum so groß, dass einige Intendant*innen Lotz sogar baten, das Stück noch einmal zu schreiben.[9]

Ziel dieser Arbeit ist es, den Einsatz verschiedener Arten von Verfremdungseffekten im Rahmen der Uraufführung von *Die lächerliche Finsternis* herauszustellen. Dabei soll untersucht werden, mit welchen Mitteln der Inszenierung diese umgesetzt werden und in welchem Zusammenhang sie zu der Aussage der jeweiligen Szene beziehungsweise des gesamten Dramas stehen.

2. Der Einsatz von Verfremdungseffekten in der Uraufführung von *Die lächerliche Finsternis*

2.1 Vorbetrachtung

In der Tradition nach Aristoteles besteht das Ziel eines Dramas darin, dass das auf der Bühne dargestellte Geschehen bei den Zuschauer*innen „Jammer und Schaudern hervorruft und hierdurch eine Reinigung von derartigen Erregungszuständen bewirkt."[10] Diese wird in der Literaturwissenschaft auch als *Katharsis* bezeichnet. Die* Zuschauer*in verbleibt demnach in der Rolle der* unbeteiligten Besucher*in: der* reinen Konsument*in, welche*r sich zwar von den Ereignissen auf der Bühne für die Dauer des Stückes fesseln lässt und dabei den Alltag vergisst, aber aus dem Gesehenen keine Rückschlüsse für das eigene Handeln ableitet. Oder wie Brecht es beschreibt: Das klassische Theater dient dazu, „ihn besoffen zu machen, ihn mit Illusionen auszustatten, ihn die Welt vergessen zu machen, ihn mit seinem Schicksal

---

[6] Vgl. Anonym: *Festivalübersicht 40. Mülheimer Theatertage NRW – Mülheimer Dramatikerpreis 2015*, <https://www.nachtkritik.de/index.php?option=com_content&view=article&id=11003:festivaluebersicht-40-muelheimer-theatertage&catid=635&Itemid=84>, abgerufen am 02.12.2020.

[7] Vgl. Anonym: *Theater 10er-Auswahl. Die lächerliche Finsternis von Wolfram Lotz. Burgtheater Wien*, <https://www.berlinerfestspiele.de/de/berliner-festspiele/programm/bfs-gesamtprogramm/programmdetail_123286.html>, abgerufen am 02.12.2020.

[8] Vgl. Keim, Stefan: *„Die lächerliche Finsternis" – Ein Hörspiel als Bühnen-Blockbuster*, <https://www.deutschlandfunkkultur.de/die-laecherliche-finsternis-ein-hoerspiel-als-buehnen.2159.de.html?dram:article_id=306091>, abgerufen am 02.12.2020.

[9] Vgl. Hein, Theresa: *Porträt von Wolfram Lotz: "Ich bin jetzt total irre geworden dabei"* <https://www.sueddeutsche.de/kultur/wolfram-lotz-die-politiker-1.4583292>, abgerufen am 02.12.2020.

[10] Aristoteles: *Poetik*, übersetzt und herausgegeben von Manfred Fuhrmann, Stuttgart 2018, S. 19.

auszusöhnen".[11] Die Zuschauer*in soll sich durch die Einfühlung in die handelnden Figuren, die sozusagen stellvertretend für sie* leidvolle Situationen durchleben, von Affekten „reinigen" und als „besserer Mensch" das Theater verlassen. Brecht brach mit dieser Vorstellung: sein Ziel war die Einbeziehung einer* kritischen und nachdenklichen Zuschauer*in, welche* durch das Stück die Welt als veränderbar begreift, den möglichen Anteil an dieser Veränderung erkennt und daraufhin das eigene Verhalten überdenkt und ändert.[12] Im klassischen Illusionstheater werden der* Zuschauer*in die Handlung und die handelnden Figuren des Dramas als statisch, als festgelegt und unveränderlich vorgeführt. Dagegen stehen im epischen Theater die Prozeßhaftigkeit und die Ambivalenz sowohl der Figuren als auch der Handlung im Vordergrund. Um die Wirkung der Katharsis zu verhindern, musste Brecht zuerst deren Grundlage – die Möglichkeit der Einfühlung in die dargestellten Ereignisse sowie die handelnden Figuren – zerstören. Dazu bediente er sich des Mittels der „Verfremdung": der erzielte „Verfremdungseffekt" ist auch in seiner Kurzform als ‚V-Effekt' bekannt.[13] Brecht beschrieb den Einsatz des V-Effektes wie folgt: „Einen Vorgang oder einen Charakter verfremden heißt zunächst einfach, dem Vorgang oder dem Charakter das Selbstverständliche, Bekannte, Einleuchtende zu nehmen und über ihn Staunen und Neugierde zu erzeugen."[14]

Die durch den Einsatz der Verfremdung hervorgerufene, kritische Distanz zum Geschehen auf der Bühne soll die Zuschauer*innen aktivieren, sich auch mit der eigenen Lebensrealität auseinander zu setzen, diese als veränderlich zu begreifen und daraus im besten Fall politische Entscheidungen abzuleiten.

Als Mittel der Verfremdung dienen häufig:

- die Einführung eines Erzählers;
- die direkte Ansprache des Publikums durch die Schauspieler*innen als Bruch der „vierten Wand" (der imaginären Grenze zwischen Zuschauer*innenraum und Theaterbühne);
- Besetzungsmodifikationen (etwa durch *cross dressing*: dem Besetzen von Männerrollen mit Frauen*);

---

[11] Brecht, Bertolt: *Über experimentelles Theater*, in: *Schriften zum Theater 1* (= Bertolt Brecht: Gesammelte Werke, Bd.15, hg. von Elisabeth Hauptmann), Frankfurt am Main 1982, S. 303.
[12] Vgl. Kesting, Marianne: *Brecht* (hg. von Wolfgang Müller), Hamburg 1993, S. 95.
[13] Vgl. Kugli, Ana / Opitz, Michael (Hg.): *Brecht-Lexikon*, Stuttgart 2016, S. 103.
[14] *Schriften zum Theater*, S. 302.

- der Einschub von Songs, Liedern, Geräuschen und Fremdtexten;
- die Verwendung von Spruchbändern und Projektionen zur Kommentierung der Handlung;
- der Wechsel zwischen verschiedenen Sprachebenen (vollzogen unter anderem durch den Einsatz von (Fantasie-)Dialekten und Soziolekten);
- die Verarbeitung zeitgeschichtlicher Ereignisse;
- sowie eine starke Reduzierung von Bühnenbild, Requisiten und Kostümen.[15]

Bereits in der Vorbemerkung zu dem Hörspieltext von *Die lächerliche Finsternis* (*Nach Francis Ford Conrads ‚Herz der Apokalypse'*)[16] ruft Lotz zwei Werke auf, welche zueinander in Bezug stehen: sowohl Francis Ford Coppolas Anti-Kriegs-Film *Apocalypse Now!*[17] als auch Joseph Conrads *Herz der Finsternis*[18].

Conrads Erzählung vermittelt den annektodisch angelegten Reisebericht des englischen Seemanns Charles Marlow, der an Bord eines belgischen Handelsschiffes den Kongo hinauffährt, um den Elfenbeinhändler Mister Kurtz ausfindig zu machen. Kurtz ist jedoch dem Wahn verfallen, hat im afrikanischen Dschungel eine Terrorherrschaft aufgebaut, angrenzende Stämme versklavt und deren Bewohner für rituelle Menschenopfer missbraucht. Deshalb erzählt *Herz der Finsternis* nicht nur von einer Reise in das „Herz", also das Zentrum des afrikanischen Kontinents und damit auch der belgischen Kolonialherrschaft – sondern vor allem von einer Reise in die Abgründe der menschlichen Seele selbst.

Coppola nutzt Conrads Erzählung als Vorlage für die Handlung von *Apocalypse Now!*, verlegt jedoch den Schauplatz von Zentralafrika in den ostasiatischen Dschungel, um statt von der europäischen Kolonialgeschichte von der US-amerikanischen Kriegführung in Vietnam, Kambodscha und Laos zu erzählen. Der Fluss Mekong tritt dabei an die Stelle des Kongo. Die Rolle des Protagonisten Charles Marlow nimmt Captain Benjamin Willard ein, Mister Kurtz wird vom Elfenbeinhändler zum abtrünnigen Colonel Walter Kurtz umgedeutet.

---

[15] Vgl. Wulff, Hans-Jürgen: Stichwort „Verfremdungseffekt", in: *Lexikon der Filmbegriffe* (digitalisierte Version, bereitgestellt durch die Universität Kiel), <https://filmlexikon.uni-kiel.de/index.php?action=lexikon&tag=det&id=1574>, abgerufen am 29.11.2020.
[16] *Hörspieltext*, S. 3.
[17] *Apocalypse Now!*. Regie: Francis Ford Coppola. Drehbuch: John Milius, Francis Ford Coppola. USA 1979. Fassung DVD: Arthaus, Leipzig 2011. 145 Minuten.
[18] Conrad, Joseph: *Heart of Darkness*, übersetzt von Sophie Zeitz, München 2015.

Lotz wiederum wählt eine fiktionalisierte Version Afghanistans als Schauplatz für seine Handlung. Anstatt des Mekong wird die Gebirgskette des Hindukusch zu einem Fluss verfremdet, die afghanische Steppe erscheint als Dschungel.[19] Hauptfeldwebel Oliver Pellner nimmt als Protagonist die Rolle von Captain Willard ein. Statt von einer kompletten Besatzung – wie in *Apocalypse Now!* – wird er nur von Unteroffizier Stefan Dorsch auf dem Boot begleitet.[20] Der Bezug zur US-Armee wird auch optisch durch das Aufbringen des Mottos des Marine Corps („Semper fidelis", übersetzt: ‚Ewige Treue') auf die rechten Oberarme von Pellner und Dorsch hergestellt.[21] Die Rolle des Antagonisten Colonel Kurtz übernimmt der abtrünnige Bundeswehrgeneral Karl Deutinger, der zwei Kameraden ermordet hat und sich seither im Dschungel verschanzt.[22] Anders als im Film, wird am Ende des Stücks ein Luftschlag durch Pellner angeordnet, bei dem Deutinger getötet wird, ebenso wie Dorsch, der sich dem General angeschlossen hat.[23]

Auf der Figurenebene lässt sich feststellen, dass mit dem Mittel des *cross dressing* ein Verfremdungseffekt erzielt wird, indem alle männlich gelesenen Rollen durch Schauspielerinnen besetzt werden: mit Stefanie Reinsperger (unter anderem in der Rolle der somalischen Piraten Michael Ultimo Pussi und Tofdau), Catrin Striebeck (als Hauptfeldwebel Oliver Pellner), Frida-Lovisa Hamann (als Stefan Dorsch) und Dorothee Hartinger (als italienischer Blauhelmsoldat Lodetti, Reverend Lyle Carter sowie General Karl Deutinger). Dieser Bruch mit den Vorstellungen von binären Geschlechterrollen stellt einerseits einen Kommentar zu aktuellen Debatten über Feminismus und Genderfragen dar. Andererseits ergibt er sich als Reaktion auf eine Stelle im Hörspieltext. Dort reflektiert der Autor selbstkritisch, dass er unfähig ist, Frauenrollen zu schreiben.[24] Dieser Absatz wird auch im Rahmen der Pausensequenz rezitiert:

> Vorhin, beim Mittagessen, habe ich meiner Mutter die Handlung erzählt und worum es geht. Irgendwann fragt sie mich (unter anderem): „Und es kommen keine Frauen vor?" Da fällt es mir wirklich zum ersten Mal auf! Wie behämmert (und deprimierend) ist das, dass ich da wieder so eine Geschichte bastel, und alle Handelnden, alle Sprechenden sind Männer, und die Frauen müssen schweigen bzw. kommen gar nicht vor. Das sagt ja was darüber aus, wie begrenzt man halt doch ist in seinem Denken, letztlich, und was man eigentlich für ein Welt- und Gesellschaftsbild hat, obwohl man glaubt, ständig gegen ein derartiges anzuschreiben. Fast noch mehr hat mich aber erschreckt, dass es so ist, und ich bemerke es nicht mal. (Uraufführung, TC: 01:02:51 – 01:03:48)

---

[19] Vgl. *Hörspieltext*, S. 13.
[20] Vgl. ebd., S. 13.
[21] Vgl. *Uraufführung*, TC: 00:32:30.
[22] Vgl. *Hörspieltext*, S.62.
[23] Vgl. *Uraufführung*, TC: 01:38:10 – 01:38:20.
[24] *Hörspieltext*, S. 50.

7

Getreu dem zugrunde liegenden Hörspieltext ist die Uraufführung von *Die Lächerliche Finsternis* in zwei Teile gegliedert: den ersten Teil (*Prolog des somalischen Piraten*)[25] sowie den wesentlich längeren zweiten Teil (*Die Fahrt auf dem Fluss*)[26]. Der zweite Teil wird von einer durchgespielten Pausensequenz unterbrochen (angekündigt durch eine Einblendung auf dem Polilux: *20 Min. Pause – wenn Sie wollen.*)[27], was erneut mit den Erzählkonventionen des Theaters bricht. Diese Entscheidung der Regie kann als Anspielung darauf verstanden werden, dass es in der globalisierten und sich dauerhaft verändernden Moderne auch kein Anhalten gibt. Während der Pausensequenz wird das durch Holzbretter begrenzte Bühnenbild dekonstruiert und von den Schauspielerinnen in einem Gartenhäcksler zerstört. Dieser Vorgang lässt sich sowohl als Frontalangriff auf konventionelle Vorstellungen von Theater lesen: auf die sprichwörtlichen „Bretter, die die Welt bedeuten". Eine weitere Lesart ist, dass die Dekonstruktion des Bühnenbildes den bildlichen Auftakt darstellt zur Dissoziation sowohl der Erzählstränge als auch der Psyche der handelnden Figuren. Dieses Motiv wird dadurch unterstrichen, dass sich alle Handelnden während der Unterbrechung schwarz anmalen. Das kann als Kommentar zu der als rassistisch verstandenen Methode des „Blackfacing" gewertet werden, welche der Exotisierung und Abwertung nicht-weißer Figuren dient und Hochkonjunktur während der Segregation in den USA hatte: damals war es People of Color verboten, im Theater aufzutreten, weshalb Weiße diese meist grotesk überzeichneten Rollen besetzten. Daneben ist auch der Bezug zu *Apocalypse Now!* augenfällig, wo das Anlegen einer Kriegsbemalung (zuerst von Lance, dann von Kurtz und schließlich von Willard) als Mittel der Inszenierung dient, um den inneren Konflikt der Figuren darzustellen: als sichtbares Zeichen für deren Entgrenzung und Entmenschlichung, die im übertragenen Sinn für den Wahnsinn des Krieges steht.

Das Annäherung an das Stück erfolgt aus einem intermedialen Blickwinkel heraus, in Bezug auf Christopher Balme.[28] Dazu ist das Theater selbst als multimediales Ereignis anzusehen, da neben dem archetypischen Wechselspiel von akustischen und optischen Zeichen, heute eine Vielzahl von Videos, eingespielten Geräuschen, Musikstücken und Projektionen zum Einsatz kommt. Mit der Uraufführung von *Die lächerliche Finsternis* wird nach dem Buch (*Herz der Finsternis*), dem Film (*Apocalypse Now!*) und dem Hörspiel das Theater als viertes

---

[25] Vgl. *Uraufführung*, TC: 00:00:31 – 00:14:30.
[26] Vgl. ebd., TC: 00:14:31 – 01:38:22.
[27] Vgl. ebd., TC: 00:56:12 – 01:10:48.
[28] Vgl. Balme, Christopher: *Theater zwischen den Medien: Perspektiven theaterwissenschaftlicher Intermedialitätsforschung*, in: Balme, Christopher (Hg.): *Crossing Media: Theater – Film – Fotografie – Neue Medien*, München 2004, S. 19-21.

Medium zur Transmission von Inhalten an das Publikum aufgerufen. Das Konzept von Inter-medialität geht jedoch über reine Multimedialität hinaus und ist erst erfüllt, wenn das Theater als Rahmenmedium die Konventionen anderer Medien simuliert oder realisiert.[29] Im Rahmen dieser Arbeit sollen deshalb vor allem die Übersetzungsprozesse des Mediums Film (*Apocalypse Now!*) in den Hörspieltext von *Die lächerliche Finsternis* in den Blick genommen werden, welcher der untersuchten Aufführung zugrunde liegt.

2.2 Einführung eines Erzählers

Auf der Handlungsebene dient die Einführung eines Erzählers der Verfremdung, indem sie eine Instanz dem Publikum und dem Geschehen auf der Bühne zwischenschaltet. Dadurch wird eine Distanz hergestellt, die den Raum für eine kritische Auseinandersetzung der Zuschauer*innen mit dem gezeigten Geschehen auf der Bühne eröffnet. Der Erzähler führt durch die Handlung und kommentiert sie. Dadurch wird die Illusion zerstört, die im klassischen Theater eine emotionale Nähe zwischen den Zuschauer*innen und den Protagonist*innen herstellt. Das Stück bleibt damit jederzeit als Fiktion präsent. Die Funktion des Erzählers ergibt sich in *Die lächerliche Finsternis* aus der Überformung von *Apocalypse Now!*: Im Verlauf des Filmes wechselt die Rolle Captain Willards ständig zwischen der des Erzählers und der des Protagonisten. Als Off-Stimme gibt er Rückblicke, reflektiert sein Innenleben und ordnet die gezeigte Handlung ein.[30] Als Protagonist hingegen ist er Teil der Handlung und interagiert mit den anderen Figuren.[31] In *Die lächerliche Finsternis* übernimmt Hauptfeldwebel Stefan Pellner die Funktion des Erzählers während des gesamten zweiten Teils (*Die Fahrt auf dem Fluss*). In einigen Szenen nimmt Pellner Passagen vorweg, die im Anschluss von anderen Figuren wiederholt werden:

PELLNER [...] Lodetti erzählte mir, er habe den elften September vor einem Fernseher in einer Ferienwohnung am Comer See erlebt, und habe sich damals nicht vorstellen können, was darauf alles folgen würde.

LODETTI Ich habe den elften September vor einem Fernseher in einer Ferienwohnung am Comer See erlebt und konnte mir damals nicht vorstellen, was darauf mal alles folgen würde.

[PELLNER] Und dann erzählte er, dass es einmal durch das Dach des Containers reingeregnet habe und die Stereoanlage dabei kaputt gegangen sei.

LODETTI Einmal hat es durch das Dach des Containers reingeregnet und die Stereoanlage ist dabei kaputtgegangen.

---

[29] Vgl. Balme, S. 19-21.
[30] Vgl. *Apocalypse Now!*, TC: 00:05:06 – 00:05:58.
[31] Vgl. ebd., TC: 00:08:07 – 00:09:18.

[PELLNER] Außerdem erzählte Lodetti, dass er gerne Korbmöbel möge.

LODETTI Ich mag gerne Korbmöbel. (Hörspieltext, S. 19)

Seinem Begleiter Dorsch erteilt Pellner das Wort und schneidet es ihm auch ab, was der Figur neben ihrer militärischen auch eine narrative Autorität verleiht.[32]

2.3 Einsatz von Fremdtexten, Songs und Liedern

Die Verwendung von Songs und Liedern ergibt sich in der Uraufführung von *Die lächerliche Finsternis* aus der Orientierung an der Vorlage von Coppola. In *Apocalypse Now!* kommen insgesamt zehn Musikstücke zum Einsatz: *The End* von *The Doors*,[33] *Suzie Q* von *Flash Cadillac*,[34] *Surfin Safari* von *The Beach Boys*,[35] *Mnong Gar Musique du Vietnam* gespielt vom Ensemble des Ocora Radios,[36] *Love Me, And Let Me Love You* von Robert Duvall,[37] *Let The Good Times Roll* von *Shirley & Lee*,[38] *I Can't Get No Satisfaction* von *The Rolling Stones*[39] sowie *Der Ritt der Walküren* von Richard Wagner in der Version der Wiener Philharmoniker unter Sir Georg Solti[40] und der militärische Salut *Sonniere Aux Morts*[41]. Als Fremdtext rezitiert Kurtz den Anfang des Gedichtes *The Hollow Men* von T.S. Eliot: ein Kommentar zu der Fremdsteuerung von Soldaten durch die Befehlsgewalt der Militärführung.[42]

---

[32] Vgl. Speicher, Hannah: *Von der lächerlichen Finsternis im Herzen der Berliner Republik. Wolfram Lotz' Hörspiel- und Theatertext Die lächerliche Finsternis im Kontext neokolonialer Wirklichkeit(en) nach 1989*, in: Corinna Schlicht / Christian Steltz (Hg.): *Narrative der Entgrenzung und Angst. Das globalisierte Subjekt im Spiegel der Medien*, Duisburg 2017, S. 195.

[33] Vgl. *The Doors: The End*, 1967. <https://www.youtube.com/watch?v=BXqPNIng6uI>, abgerufen am 25.10.2020.

[34] Vgl. *Flash Cadillac: Suzie Q*, 1972. <https://www.youtube.com/watch?v=lbTReBWLpNU>, abgerufen am 25.10.2020.

[35] Vgl. *The Beach Boys: Surfin Safari*, 1962. <https://www.youtube.com/watch?v=KrPDLxmfWPM>, abgerufen am 25.10.2020.

[36] Vgl. *Collectif Ocora Radio France: Mnong Gar Musique du Vietnam*, 1972. <https://www.youtube.com/watch?v=vx4cCXlqr5I>, abgerufen am 25.10.2020.

[37] Vgl. *Apocalypse Now!*, Minute 00:31:56 – 00:32:40.

[38] Vgl. *Shirley & Lee: Let The Good Times Roll*, 1956. <https://www.youtube.com/watch?v=2NeafOQn-wQ>, abgerufen am 25.10.2020.

[39] Vgl. *The Rolling Stones: I Can't Get No Satisfaction*, 1966. <https://www.youtube.com/watch?v=MSSxnv1_J2g>, abgerufen am 25.10.2020.

[40] Vgl. Wagner, Richard: *Der Ritt der Walküren* (aufgenommen von den Wiener Philharmonikern unter der Leitung von Sir Georg Solti, 1965). <https://www.youtube.com/watch?v=QDwCE13nyPo>, abgerufen am 25.10.2020.

[41] Vgl. *Apocalypse Now!*, TC: 00:35:34 – 00:36:00.

[42] Vgl. ebd., TC: 02:06:26 – 02:07:18.

In welcher Beziehung der Einsatz von Musikstücken zur Aussage der jeweiligen Szene steht, soll an folgenden Beispielen dargestellt werden: *Der Ritt der Walküren, I Can't Get No Satisfaction* sowie *The End*.

Durch die Entscheidung, Wagners *Walkürenritt* während des Bombardements der 1. US-Luftkavallerie einzuspielen, erzeugt Coppola bewusst eine Bild-Ton-Schere bei der Wahrnehmung der Szene.[43] Auf der Tonspur läuft das von Kriegslärm unterbrochene heroische, mythische Stück von Wagner. Auf der Bildebene sieht das Publikum jedoch einen gänzlich unheroischen Akt: den von Kilgore befohlenen, militärisch sinnlosen und letztlich gescheiterten Luftangriff auf ein schutzloses vietnamesisches Dorf – mit dem Ziel, den Strand für einen Surf-Ausflug einzunehmen. Durch dieses filmische Mittel wird das Auseinanderklaffen zwischen dem Selbstbild der Armee und ihrer Fremdwahrnehmung greifbar. Darüber hinaus ist die Taktik, laute Musik zur psychologischen Kriegsführung einzusetzen, in der Realität verankert, was der Szene Plausibilität verleiht.

I Cant't Get No Satisfaction von *The Rolling Stones*[44] kann als Soundtrack der rastlosen, unzufriedenen Jugend der USA in den 1960er-Jahren bezeichnet werden. Im Film wird es im Militärradio abgespielt, während die Besatzung des Partrouillenbootes eine Pause macht und Lance Wasserski fährt. Dies soll einen Rest Normalität im Kriegsalltag vermitteln, der für die Soldaten andauernd zwischen Langeweile und Todesgefahr oszilliert. Im Zusammenhang mit dem Vietnamkrieg steht dieser Song jedoch metaphorisch für die sprichwörtliche „Unersättlichkeit" US-amerikanischer Aussenpolitik nach dem Ende des Zweiten Weltkriegs: die Durchsetzung geopolitischer Interessen mit verdeckten und offenen, militärischen sowie geheimdienstlichen Interventionen vorwiegend in Südamerika, der Karibik und eben in Südost-Asien.

The End von *The Doors* wird sowohl über der Eröffnungsszene[45] als auch über der Opferszene[46] eingespielt, dem Höhepunkt von *Apocalypse Now!*. Der Song setzt dadurch einen apokalyptischen, dystopischen Grundton, der im weiteren Verlauf wieder aufgegriffen und eingelöst wird. Er bildet eine Klammer, welche die Handlung des Films zusammenfügt und einordnet. Die Psychedelic Rock-Band um Frontmann Jim Morrisson hatte bereits am

---

[43] Vgl. *Apocalypse Now!.*, TC: 00:38:13 – 00:42:09.
[44] Vgl. ebd., TC: 00:22:58 – 00:24:10.
[45] Vgl. ebd., TC: 00:00:22 – 00:03:39.
[46] Vgl. ebd., TC: 02:17:02 – 02:19:52.

Ende des „Summer of Love" 1967 die Desillusionierung und das Ende der Hippie-Ära vorweggenommen.

In der Uraufführung von *Die Lächerliche Finsternis* kommen drei Musikstücke zum Einsatz: die Persiflage eines bayerischen „Schuhplattlers"[47] sowie groteske A-cappella-Versionen von *The Lion Sleeps Tonight (Wimoweh)* von *The Tokens*[48], abwechselnd mit einem deutschen Cover des Stücks: *Der Löwe Schläft Heut' Nacht* von *Henri Salvador*.[49]

Der „Schuhplattler" dient als Unterbrechung der Handlung während der Szene im Missions-lager von Reverend Carter. Durch das erzählerische Mittel der Exotisierung wird der parodierte bayerische Volkstanz zu etwas Fremdartigem umgedeutet: mit dem Ziel, das Publikum auf den eurozentrischen Blick aufmerksam zu machen, mit dem die bundesdeutsche Gesellschaft den Rest der Welt wahrnimmt und kategorisiert.

Der Einsatz von *The Lion Sleeps Tonight (Wimoweh)* folgt einer Regieanweisung aus dem zugrunde liegenden Hörspieltext.[50] Jedoch ist der Song an dieser Stelle keineswegs zufällig gewählt: dessen Entstehungsgeschichte steht für sich genommen als emblematisches Beispiel für Ausbeutung, kulturelle Aneignung sowie die Folgen der europäischen Kolonial-herrschaft auf dem afrikanischen Kontinent. Die Originalversion stammt aus dem Jahr 1938 und wurde unter dem Titel *Mbube* (übersetzt: „Der Löwe") von Salomon Linda erdacht. Der Zulu-Krieger verarbeitete darin musikalisch das gefährliche Aufeinandertreffen seiner Viehherde mit einem Löwen in der Steppe. Der Song wurde 1939 von seiner Band *The Evening Birds* im südafrikanischen Johannesburg erstmals aufgenommen: in dem zu dieser Zeit einzigen Tonstudio südlich der Sahara, welches vom Briten Eric Gallo betrieben wurde. Salomon Linda, ein Analphabet ohne juristische Kenntnisse, übertrug dem Label später für 20 südafrikanische Shilling (nach heutigem Kurs etwa $1.60) die Urheber- und Aufführungsrechte. Er verstarb nach langer Krankheit am 8. Oktober 1962 und hinterließ ein Vermögen von umgerechnet 50 US-Dollar.

Besser erging es hingegen dem US-amerikanischen Liedermacher und Produzenten Pete Seeger: er erhielt 1945 in New York eine Platte der *Evening Birds* und machte sich daran, einen englischen Text für den Song zu verfassen. Da Seeger kein Zulu verstand,

---

[47] Vgl. *Uraufführung*, TC: 00:43:33 – 00:44:43.
[48] Vgl. *The Tokens: The Lion Sleeps Tonight (Wimoweh)*, 1961.
   <https://www.youtube.com/watch?v=OQlByoPdG6c>, abgerufen am 25.10.2020.
[49] Vgl. *Henri Salvador: Der Löwe Schläft Heut' Nacht*, 1962.
   <https://www.youtube.com/watch?v=GTVhBTLf68E>, abgerufen am 25.10.2020.
[50] Vgl. *Hörspieltext*, S. 40.

verballhornte er den Refrain (*Uyimbube, uyimbube* – übersetzt: „Er ist ein Löwe!") zu *Wimoweh*. Seine Band *The Weavers* nahm die englischsprachige Version 1952 erstmals auf, welche zu ihrem größten Hit wurde. Der internationale Durchbruch gelang jedoch erst 1962, durch die von George Weiss überarbeitete Version. Diese wurde von *The Tokens* aufgenommen und avancierte zum Welthit. Bis heute gilt die von Salomon Linda geschaffene Melodie, die *The Lion Sleeps Tonight* zugrunde liegt, als erfolgreichstes Musikstück des afrikanischen Kontinents.[51]

In Folge der Berichterstattung des Musikmagazins *Rolling Stone* nahm sich der südafrikanische Urheberrechtsanwalt Owen Dean des Falles an und überzeugte Salomon Lindas Familie davon, mehrere Prozesse anzustrengen, um das geistige Eigentum ihres Vaters und Großvaters an dem Welthit zu beanspruchen. Mit dem Medienkonzern Disney, der alleine mit der Version des Songs im Animationsfilm *Lion King* geschätzte 15 Millionen US-Dollar umsetzte, einigte sich die Familie auf die Zahlung einer Entschädigungssumme im hohen siebenstelligen Bereich.[52]

Pellners Bezug auf Colonel Kilgores bekannten Ausspruch *Ich liebe den Geruch von Napalm am Morgen!*[53] während der Pausensequenz stellt das einzige direkte intertextuelle Zitat aus *Apocalypse Now!* innerhalb der Aufführung dar. Weil sich auf diese Stelle im zugrunde liegenden Hörspieltext kein Hinweis findet, liegt der Schluss nahe, dass es sich um eine Improvisation handelt, die während der Proben entstanden ist.

Als weiterer Fremdtext wird die *Rede zum unmöglichen Theater* von Wolfram Lotz eingesetzt, mit der sich der totgeglaubte Pirat Tofdau am Ende des zweiten Teils in direkter Ansprache an das Publikum wendet, bevor er von Pellner erschossen wird. Mit diesem Text werden die Zuschauer*innen dazu aufgefordert, die Realität als veränderlich zu begreifen, Limitierungen zu überwinden und selbst aktiv zu werden. Damit geht der Inszenierungstext über die eher pessimistische Grundstimmung des Hörspieltextes hinaus, was Hannah Speicher als „politische Radikalisierung der Vorlage" einordnet.[54]

---

[51] Vgl. Malan, Rian: *In the Jungle: Inside the Long, Hidden Genealogy of 'The Lion Sleeps Tonight'.* <*https://www.rollingstone.com/feature/in-the-jungle-inside-the-long-hidden-genealogy-of-the-lion-sleeps-tonight-108274/*>, abgerufen am 15.11.2020.
[52] Vgl. Browne, David: *'The Lion Sleeps Tonight': The Ongoing Saga of Pop's Most Contentious Song.* <https://www.rollingstone.com/music/music-features/lion-sleeps-tonight-lion-king-update-879663/>, abgerufen am 13.11.2020.
[53] *Uraufführung*, TC: 00:01:11 – 00:01:15.
[54] Speicher, S. 207.

2.4 Verwenden von „lyrischen Listen"

Als „lyrische Listen" bezeichnet Lotz ein Stilmittel, dessen Ziel es ist, aufzuzählen statt zu erzählen. Unter einem bestimmten Ordnungskriterium werden Begriffe aufgelistet. Jede Abweichung oder Auslassung ruft Irritationen hervor, die dazu dienen, das Publikum zum Nachdenken zu bewegen.[55]

Bereits in der ersten Szene (*Prolog des somalischen Piraten*) kommen „lyrische Listen" an mehreren Stellen zum Einsatz. Erstmals, als der Pirat Pussi die Schiffe aufzählt, die ihm und Tofdau in ihrem Alltag als Fischer begegneten: *Die holländischen, die englischen, die indischen, japanischen, die amerikanischen, die chinesischen, die thailändischen und die deutschen Fischflotten.*[56] In dieser Aufzählung fehlen gerade die afrikanischen beziehungsweise somalischen Fischflotten. Damit sollen die Zuschauer*innen auf die Überfischung der küstennahen Gebiete durch globale Konglomerate im Speziellen und die wirtschaftliche Dominanz der Länder des globalen Nordens gegenüber dem globalen Süden im Allgemeinen aufmerksam gemacht werden.

Im Folgenden berichtet Pussi, wie er und sein Freund Tofdau aus Verzweiflung das Fischen aufgaben, was ihn dazu veranlasst hat, eine Ausbildung zum Piraten zu beginnen:

> [Ich] entschied [...] mich, ein Diplomstudium der Piraterie an der Hochschule von Mogadischu zu beginnen. Ich beantragte mehrere Förderungen und bekam ein monatliches Stipendium vom Islamistischen Studienwerk Mogadischu, ein kleineres Salär von der Studienstiftung des somalischen Volkes sowie weitere Zuwendungen von der Stiftung Begabtenförderung berufliche Bildung Ostafrika. (Uraufführung, TC: 00:06:17 – 00:06:36)

In ihrer Analyse weist Hannah Speicher unter Bezug auf Michail Bachtin darauf hin, dass es sich an dieser Stelle um eine „karnevalistische Mesailliance" handelt: eine literarische ,Vermählung' zwischen „Namen und Strukturen renommierter deutscher Bildungsinstitutionen, wie der Studienstiftung des deutschen Volkes, und der marginalisierten und kriminalisierten Sphäre der somalischen Piraterie." (Speicher, S. 201)

Der Pirat berichtet im Anschluss von den Lehrinhalten seines Piratenstudiums:

> Im Grund- und Hauptstudium lernte ich das Entern von historischen sowie zeitgenössischen Schiffen, das heimliche Verfolgen eines Frachters in finsterer Nacht, das In-die-Luft-Schießen-mit-einem-Maschinengewehr aus Freude oder zum Einflößen von Angst, sowie das laute Schreien, um die fremde Besatzung zum Aufgeben zu zwingen. (Uraufführung, TC: 00:06:37 – 00:06:53)

---

[55] Vgl. Checcin, Luise: *Die Listen der Vernunft.* <https://taz.de/!864758/>, abgerufen am 12.10.2020.
[56] Uraufführung, TC: 00:04:33 – 00:04:39.

Durch diese Detaillierung soll der Eindruck verstärkt werden, es gäbe tatsächlich eine universitäre Ausbildung zur Piraterie.

Während seiner Verteidigungsrede gibt der somalische Pirat einen Erlebnisbericht Tofdaus wieder, nachdem dieser in die Prostitution abgedrängt wurde:

> Ich habe mir einen Deo-Roller hineinstecken lassen, eine Grillwürstchenklemme, einen Funkwecker, ich habe mir eine Nektarine in den Arsch stecken lassen, die Armlehne eines Klappgartenstuhls, eine Anthologie mit isländischer Lyrik, das leere Magazin einer Kalaschnikow, eine Dose Katzenfutter, die Schublade eines Nachtschränkchens und was weiß ich noch alles. (Uraufführung, TC: 00:09:10 – 00:09:34)

Bei dieser Liste fällt auf, dass jede menschliche Komponente fehlt, da es sich ausschließlich um unbelebte Gegenstände handelt. Zudem ergibt sich eine Groteske zwischen deren Größe und ihrer suggerierten Verwendung bei einem sexuellen Akt.

Im zweiten Teil (*Die Fahrt auf dem Fluss*) werden „lyrische Listen" bereits in der zweiten Szene eingesetzt, welche im durch den italienischen Blauhelm-Soldaten Lodetti geleiteten UN-Missionslager stattfindet.[57] Pellner schildert dem Publikum in direkter Ansprache seine Eindrücke:

> Erst jetzt bemerkte ich, dass vielen Arbeitern einzelne Körperteile fehlten: Einem fehlte ein Ohr, einem anderen fehlte ein Bein, einem fehlten beide Augen und ein Ohr, einem fehlten an einer Hand sämtliche Finger außer dem Daumen, einem anderen fehlte ein Bein, das nur notdürftig durch ein Ofenrohr aus Blech ersetzt worden war. (Uraufführung, TC: 00:23:32 – 00:23:58)

Durch diese Aufzählung wird auf ganze Generationen kriegsversehrter Zivilist*innen in Afghanistan hingewiesen, wo seit 1978 praktisch ohne Unterbrechung Krieg herrscht. Eine Groteske wird durch den Einsatz eines Ofenrohrs als Prothese erzeugt.

Im weiteren Verlauf kontrollieren Pellner und Dorsch den Händler Bojan Stojković. Diese Szene rekurriert auf die Dursuchung eines Fischerbootes in *Apocalypse Now!*, wo die Marines eine Lieferung zur Unterstützung des Vietcong vermuten. Nachdem die Situation eskaliert und die amerikanische Besatzung das Feuer eröffnet, gibt Captain Willard seinen einzigen im Film dargestellten Schuss ab, um eine verletze Vietnamesin zu töten.[58] Stojković zählt eingangs den Soldaten sein Sortiment auf: *Bohnen, laktosefreier Ziegenkäse, kleine Hamster, Rollschuhe, Eislaufschuhe, Ohrringe, Uhren, Investmentfonds, Lounge Musik-CDs, Skateboards, Honig, Agavendicksaft, Dinge des täglichen Gebrauchs.* Anders als im Hörspieltext, wird diese Liste am Ende der Szene fortgesetzt und von Pellner unterbrochen, während er den Händler von der Bühne verjagt: *Mango, echt Bio, [...] laktosefreie[r]*

---

[57] Vgl. *Uraufführung*, TC: 00:18:17 – 00:28:07.
[58] Vgl. *Apocalypse Now!*, TC: 01:12:12 – 01:15:30.

Ziegenkäse, ein bisschen Tanköl, Brillenputztücher, [...] eine Bartschere, so ein Augenbrauenzupfding, [...] Reifen, [...] Schnürsenkel.[59] An dieser Stelle dient die Ausführlichkeit der Liste dazu, die Figur Stojkovićs plausibler zu machen und so den Eindruck zu verstärken, es könne tatsächlich umherziehende Händler aus dem ehemaligen Jugoslawien in Afghanistan geben.

In der Pausensequenz wird ein Text aus der Hörspielvorlage widergegeben, der im Stil eines Tagebucheintrages verfasst ist und mehrere fantastische Elemente enthält:

> Ich hatte eine Gurke zerteilt und das Kernzeugs herausgeschabt, da hatte ich die Idee, sie anzuspitzen. Es sah aus wie ein Kanu, ich habe es meinem Vater gezeigt. Da hat er sich auch eine Gurke geschnappt und schnitzte, total schnell, ein Flugzeug mit Tragflächen, Triebwerken, Notrutschen und allem. Ich hatte mir auch noch eine Gurke genommen und eine historische Dampflokomotive zu schnitzen begonnen [...] Ich war so ehrgeizig geworden, dass ich weiter an meiner Dampflokomotive schnitzte, ich versuchte (völlig übertrieben) einzelne Kohlen in den Tender zu schnitzen. (Hörspieltext, S.44)

Das Motiv wird kurz nach der Pause wieder aufgenommen, als Pellner und Dorsch eine nicht näher definierte Urwaldfrucht (wahrscheinlich eine Mango: *ölig-goldene[s] Fruchtfleisch*)[60] finden und sich über deren Innenleben unterhalten:

> Auf der anderen Seite des Kerngehäuses sah die Maserung des Fruchtfleischs aus wie ein Rad, und drumherum wie, ja, wie ein Kotflügel, und daneben wie eine Art Autotür, und hier, das sah ebenfalls aus wie ein Rad, und das hier erinnerte verblüffend an die große Heckklappe einer Limousine, ja, insgesamt sah es aus wie... ja, sah wirklich aus wie [...] ein Leichenwagen, es sieht aus wie ein Leichenwagen. (Hörspieltext, S.44)

Die Auflistung dient an dieser Stelle dazu, greifbar zu machen, dass die Soldaten durch die eintönige fremdartige Umgebung und die dauernde Anspannung beginnen, den Verstand zu verlieren und Dinge zu sehen, die nicht real sind. Damit wird auch der Bezug zur posttraumatischen Belastungsstörung von Captain Willard in *Apocalypse Now!* hergestellt. Die Auswirkungen des Krieges auf die menschliche Psyche greifbar zu machen, ist ein zentrales Anliegen des Films.

---

[59] *Uraufführung*, TC: 00:40:31 – 00:41:30.
[60] *Hörspieltext*, S. 44.

16

Die Verarbeitung zeitgeschichtlicher Ereignisse dient der Verfremdung. Weithin bekannte und vertraute Gegebenheiten erscheinen in einem anderen Licht, was neue Perspektiven für die Beschäftigung mit ihnen eröffnet. Diese Bezugnahme erfolgt im Stück sowohl offen als auch kodiert.

Durch das Aufrufen von Joseph Conrads *Herz der Finsternis* und Francis Ford Coppolas *Apocalypse Now!* als wichtigste Einflussfaktoren auf den zugrunde liegenden Hörspieltext, wird der Bezug sowohl zur europäischen Kolonialisierung in Zentralafrika als auch zum Vietnamkrieg hergestellt.[61]

Der erste Teil (*Prolog des somalischen Piraten*) stellt eine literarische, fiktionalisierte Verarbeitung des historischen Piraterieprozesses am Landgericht Hamburg dar: Zehn somalische Piraten hatten am 5. April 2010 den unter deutscher Flagge fahrenden Frachter MS Taipan unter ihre Kontrolle gebracht. Wenig später wurden sie von einer niederländischen Spezialeinheit verhaftet und an die deutschen Behörden überstellt. Der Prozess endete im Oktober 2012 mit der Verurteilung der Angeklagten.[62]

Neben dem Bürgerkrieg in Somalia, der Verarmung der dortigen Bevölkerung durch die wirtschaftliche Dominanz globaler Großmächte sowie der Überfischung der küstennahen Gebiete, wurde durch diesen Prozess der deutschen Öffentlichkeit auch der seit 2008 laufende Bundeswehreinsatz am Horn von Afrika im Rahmen der „Operation Atalanta" (Mission: EUNAVFOR) ins Gedächtnis gerufen, über den bemerkenswert wenige Berichte und öffentliche Debatten auszumachen sind.[63]

Der damalige Bundespräsident Horst Köhler bemerkte nach einem Truppenbesuch in Afghanistan am 22. Mai 2012 in einem Radiointerview mit dem Deutschlandfunk, die Bundesrepublik müsse zur Wahrung ihrer geopolitischen Interessen und aufgrund ihrer Abhängigkeit vom Export Handelswege notfalls auch mit militärischer Gewalt freihalten.[64]

---

[61] Vgl. *Hörspieltext*, S. 3.
[62] Vgl. Utler, Simone: *Schuldspruch in der Fremde.*
<https://www.spiegel.de/panorama/justiz/piratenprozess-hamburger-gericht-verhaengt-hohe-haftstrafen-a-862317.html>, abgerufen am 12.10.2020.
[63] Vgl. Bundesministerium der Verteidigung, Leiter des Presse- und Informationsstabes: *Horn von Afrika – EUNAVFOR SOM Operation Atalanta.* <https://www.bundeswehr.de/de/einsaetze-bundeswehr/bundeswehr-am-horn-von-afrika>, abgerufen am 12.10.2020.
[64] Vgl. Ricke, Christopher: *„Sie leisten wirklich Großartiges unter schwiersten Bedingungen".*
<https://www.deutschlandradio.de/sie-leisten-wirklich-grossartiges-unter-schwiersten.331.de.html?dram:article_id=203276>, abgerufen am 12.10.2020.

Die anschließende massive Empörung in Politik und Medien zwang Köhler kurze Zeit später zum Rücktritt.[65] Dass der Schutz von Handelswegen in der Beschreibung der Mission vor der somalischen Küste gar offiziell als Einsatzziel ausgegeben wurde und dieser Umstand nicht in der Öffentlichkeit verhandelt wurde, ist in diesem Kontext durchaus bemerkenswert.

Zu Beginn des zweiten Teils (*Die Fahrt auf dem Fluss*) stellt Pellner sich, Dorsch sowie deren Auftrag in direkter Ansprache dem Publikum vor:

> Meine Aufgabe war es nun, Deutinger im Zielgebiet ausfindig zu machen und seinen genauen Aufenthaltsort für einen Luftschlag an das Einsatzzentrum weiterzugeben. Zu diesem Zweck sollte ich mit einem Patrouillenboot den Hindukusch hochfahren bis ins Zielgebiet. Hier sagen die Leute: "Der Hindukusch ist doch kein Fluss, das ist ein Gebirge." Die Leute sehen was im Fernsehen und glauben es einfach und meinen dann zu wissen, dass der Hindukusch ein Gebirge ist. Ich aber war da, ich bin den Hindukusch hochgefahren. Es ist ein dunkler, langsam fließender Strom. Ich bin ihn hochgefahren auf der Suche nach Oberstleutnant Deutinger, hinein in die Regenwälder Afghanistans. (Hörspieltext, S. 13)

Damit wird explizit Bezug auf den seit 7. Oktober 2001 unter Beteiligung der Bundeswehr geführten Afghanistankrieg genommen. Zur Rechtfertigung des militärischen Einsatzes im Rahmen der ISAF-Mission „Enduring Freedom", führte am 20. Dezember 2002 bereits der damalige Verteidigungminister Dr. Peter Struck (SPD) im Bundestag aus: „Um zu verdeutlichen, worum es wirklich geht, habe ich davon gesprochen, dass unsere Sicherheit auch am Hindukusch verteidigt wird. Deutschland ist sicherer, wenn wir zusammen mit Verbündeten und Partnern den internationalen Terrorismus dort bekämpfen, wo er zu Hause ist, auch mit militärischen Mitteln."[66]

Zudem greift Lotz an dieser Stelle die Medienkritik Coppolas auf, besonders an der Strategie des „embedded journalism", also der Frontberichterstattung durch mitreisende Journalist*innen.[67]

Die Verortung der Handlung in einer fiktionalisierten Version Afghanistans wird in der Szene in dem vom italienischen Blauhelmsoldaten Lodetti geführten Lager präzisiert.[68] Er nennt *Kundus* als Standort, wo afghanische *Eingeborene* abgeschirmt vor Angriffen der *Taliban* in einer Mine arbeiten.[69]

---

[65] Carstens, Peter: *Bundespräsident Köhler tritt zurück.*
<https://www.faz.net/aktuell/politik/bundespraesidentenwahl/nach-heftiger-kritik-bundespraesident-koehler-tritt-zurueck-1977920.html>, abgerufen am 01.07.2020.
[66] Struck, Peter: Rede im Deutschen Bundestag; (20.12.2002). <https://www.bundesregierung.de/breg-de/service/bulletin/rede-des-bundesministers-der-verteidigung-dr-peter-struck--784328>, abgerufen am 01.07.2020.
[67] Vgl. *Apocalypse Now!*, TC: 00:27:30 – 00:27:48.
[68] Vgl. *Uraufführung*, TC: 00:18:28 – 00:28:09.
[69] Vgl, *Hörspieltext*, S. 16 f.

Dass im Stück die UNO ein eigens aufgebautes Arbeiterlager unterhält, wirft dabei die Frage auf nach dem Zwiespalt zwischen der Anspruchshaltung und der geopolitischen Realität von militärischen Einsätzen supra-nationaler Institutionen und Bündnisse. Der offen adressierte Abbau von Coltan, das unter anderem für die Herstellung von Mobiltelefonen benötigt wird, stellt den Bezug her zu globalen (Handels-)Konflikten um die Kontrolle von Bodenschätzen wie seltenen Erden und Metallen.[70] Der von Bürgerkriegen erschütterten Demokratischen Republik Kongo kommt eine Schlüsselrolle bei der Gewinnung von Coltan zu, weshalb diese Szene als indirekter, aktualisierter Rückgriff auf *Herz der Finsternis* gelesen werden kann. Explizit angesprochen werden zudem die Anschläge vom 11. September 2001 in Pennsylvania, New York City und Washington D.C. – Ausgangspunkt des militärischen Einsatzes gegen Osama Bin Laden und die verbündeten Taliban in Afghanistan.[71]

In der Szene im Missionslager von Reverend Carter wird offen Bezug genommen sowohl auf das Verhältnis der westlichen Welt zum politischen Islam als auch auf die Geschichte der christlichen Missionierung.[72] Diese kann als erste Welle des organisierten Ausgreifens europäischer Mächte auf den Rest der Welt angesehen werden und damit als Vorstufe der heutigen Globalisierungsmechanismen. Carter führt die Soldaten durch das Lager und berichtet von seiner Tätigkeit als Missionar:

> Diese Leute hier waren Moslems, als ich herkam. Die Frauen [...] mussten Schleier tragen, sie waren ganz und gar verschleiert. Was ist das für eine Religion, die den Menschen vorschreibt, wie sie zu leben haben? Ich konnte das nicht verstehen. Für mich bedeutet Religion, auf die Menschen zuzugehen, ihnen Dinge zu ermöglichen. Aber eine Religion soll doch niemanden zu irgendetwas zwingen! Sehen Sie sich diese wunderbaren Geschöpfe an! [...] Diese Mädchen wurden von ihrem Glauben gezwungen, ihre Beine zu verhüllen, diese herrlichen schlanken Beine, ihre Haut zu verhüllen, ihre wunderbar braune, glatte, zarte Haut, ihre vollen Münder, alles mussten sie verhüllen, ihre kleinen runden Hintern, sehen Sie sich diese Mädchen doch an, nichts durften sie zeigen, ihre jungen, vollen Brüste, alles musste versteckt werden! Sicherlich: die eine oder andere hat mal einen dickeren Hintern, aber alles in allem sind das doch wunderschöne junge Frauen! Was ist denn das für eine Religion, die jemanden zu so etwas zwingt! Die jemandem vorschreibt, wie er zu leben hat? (Hörspieltext, S.35)

---

[70] Vgl. Grotelüschen, Frank: *Tolle Idee! Was wurde daraus? Dem illegalen Coltanabbau auf der Spur.* <https://www.deutschlandfunk.de/tolle-idee-was-wurde-daraus-dem-illegalen-coltanabbau-auf.676.de.html?dram:article_id=406493>, abgerufen am 23.11.2020.
[71] Vgl. *Hörspieltext*, S. 19.
[72] Vgl. *Uraufführung*, TC: 00:43:08 – 00:56:10.

An dieser Stelle tritt zum Motiv der Exotisierung die Komponente der Sexualisierung hinzu, welche durch die Machtasymmetrie zwischen Priester und Gläubigen noch verstärkt wird. Sowohl der identische Aufbau der Szenen als auch die Doppeldeutigkeit des Begriffes ‚Mission' (religiös und militärisch) stellen den direkten Bezug her zwischen den Figuren Lodetti und Carter.

Die Implikation zeitgeschichtlicher Ereignisse erfolgt an vielen Stellen in *Die lächerliche Finsternis* auch kodiert. Beispielsweise wird bei der Kontrolle des Händlers Bojan Stojković durch dessen an das Serbo-kroatische angelehnten Namen der Bezug zum Jugoslawienkrieg (1991 – 2001) hergestellt. Die heftig umstrittene Beteiligung der Bundesrepublik an diesem Krieg war der erste Auslandseinsatz der Bundeswehr nach dem Zweiten Weltkrieg und der deutschen Wiedervereinigung. In der Folge kam es unter anderem auf dem Sonderparteitag (am 13. Mai 1999 in Bielefeld) zu einem Farbbeutel-Angriff auf den damaligen Außen-minister und Vizekanzler, Joseph Martin Fischer sowie zur jüngsten Parteispaltung von Bündnis 90/Die Grünen auf Bundesebene, unter Führung von Jutta Ditfurth.[73] Stojkovićs Schilderung des Luftangriffes rekurriert auf das von Oberst Georg Klein angeordnete Bombardement zweier von Taliban entführter Tanklaster in der Nähe von Kundus, bei dem mehr als 140 Menschen getötet oder verletzt wurden.[74] Auf die Rehabilitierung Kleins durch einen Untersuchungsausschuss des Bundestages folgte dessen Beförderung zum General.[75]

Das verächtliche Nachahmen von Dorschs sächsischem Dialekt durch Pellner kann einerseits als Anspielung auf die noch immer nicht vollständig vollzogene deutsche Einheit verstanden werden, oftmals verbunden mit einem Überlegenheitsgefühl in den „alten" Bundesländern den „neuen" gegenüber.[76] Andererseits greift Lotz damit den Jahrhunderte alten sprachpuristischen Diskurs über innere Mehrsprachigkeit auf, der sich mit dem Verhältnis der Hochsprache zu ihren Dialekten beschäftigt. Obwohl Dialekte Träger von regionaler Kultur und Identität sind, haftet ihnen in der Aussenwahrnehmung nicht selten der Anklang des Bildungsfernen und Hinterwäldlerischen an.

---

[73] Vgl. Fuhrer, Armin: *Chaos und Farbbeutel bei Grünen-Parteitag.* <https://www.welt.de/print-welt/article571525/Chaos-und-Farbbeutel-bei-Gruenen-Parteitag.html>, abgerufen am 23.11.2020.
[74] Vgl. Blechschmidt, Peter: *Luftangriff in Afghanistan. Das tödliche Gefühl des Oberst Klein.* <https://www.sueddeutsche.de/politik/luftangriff-in-afghanistan-das-toedliche-gefuehl-des-oberst-klein-1.46386>, abgerufen am 23.11.2020.
[75] Vgl. Kohlmaier, Matthias: *Nach Kundus-Affäre. Bundeswehr-Oberst Klein wird zum General befördert.* <https://www.sueddeutsche.de/politik/kundus-affaere-bundeswehr-oberst-klein-wird-zum-general-befoerdert-1.1435727>, abgerufen am 23.11.2020.
[76] Vgl. *Uraufführung*, TC: 00:16:09 – 00:16:15.

3. Fazit

Der Einsatz von Verfremdungseffekten in der Uraufführung von *Die lächerliche Finsternis* dient dem Unterstreichen des übergeordneten Motivs des Stückes: des Verhältnisses von Fremdheit und Vetrautheit; zwischen verschiedenen Kulturen und Religionen sowie der Konstituierung von Identität durch das Aufeinandertreffen unterschiedlicher Lebenswelten. Mit verschiedenen Mitteln der Verfremdung wird der eurozentrische Blick schonungslos offengelegt, mit dem europäische Gesellschaften den Rest der Welt einordnen und beurteilen. Im Hinblick auf die Uraufführung werden Verfremdungseffekte unter anderem realisiert durch:

- die Einführung eines Erzählers;
- die direkte Ansprache des Publikums durch die Schauspielerinnen;
- Besetzungsmodifikationen;
- den Einschub von Fremdtexten, Songs und Liedern;
- das Verwenden von „lyrischen Listen";
- sowie die Verarbeitung zeitgeschichtlicher Ereignisse.

Schon durch die Modifikation der Besetzung aller männlich gelesenen Rollen mit Frauen* werden durch das verfremdende Mittel des *cross dressing* heteronormative Geschlechterrollen sowie patriarchale Strukturen in unserer Gesellschaft hinterfragt.

Ein weiterer Verfremdungseffekt wird erzielt, indem Pellner (neben seiner Funktion als Protagonist) die Rolle des Erzählers zukommt, der die Handlung kommentiert und einordnet. Dadurch wird dem Publikum und dem Geschehen auf der Bühne eine narrative Instanz zwischengeschaltet, durch die das Stück jederzeit als Fiktion präsent bleibt. Dies eröffnet den Zuschauer*innen die Möglichkeit einer kritischen Auseinandersetzung mit dem Gesehenen. Zudem treten häufig Figuren aus ihrer Rolle heraus, um das Publikum direkt anzusprechen.

Der Einschub von Songs, Liedern und Fremdtexten dient der Unterbrechung der Handlung. In der untersuchten Inszenierung werden drei Musikstücke eingesetzt: die Persiflage eines bayerischen „Schuhplattlers", daneben groteske A-capella-Versionen von *The Lion Sleeps Tonight (Wimoweh)* von *The Tokens* sowie eines deutschen Covers des Songs, *Der Löwe Schläft Heut' Nacht* von *Henri Salvador*.

Als Fremdtexte kommen Ausschnitte aus der *Rede zum unmöglichen Theater* des Autors Wolfram Lotz sowie ein Filmzitat aus *Apocalypse Now!* zum Einsatz. Zudem bleibt die Genealogie des Inszenierungstextes aus dem Hörspieltext heraus durch das wiederholte Einspielen und Erzeugen von Geräuschen auf der Bühne präsent. Als weiteres Mittel der Verfremdung werden „lyrische Listen" eingesetzt. Dabei werden unter einem bestimmten Kriterium Unterpunkte aufgezählt. Jede Abweichung oder Auslassung wird vom Publikum bemerkt, was eine Reaktion hervorruft und einen eigenständigen Denkprozess in Gang setzen soll.

Die Verarbeitung zeitgeschichtlicher Ereignisse dient ebenso der Verfremdung. Bekannte historische sowie politische Vorgänge und Ereignisse werden in einem neuen Kontext präsentiert, wodurch ihnen das Selbstverständliche genommen und ein Raum für neue Betrachtungsweisen eröffnet wird. Das Aufrufen dieser Ereignisse erfolgt sowohl offen als auch kodiert. Offen adressiert werden beispielsweise: die Hochseepiraterie am Horn von Afrika und der damit verbundene Einsatz der Bundeswehr; der Afghanistankrieg; die Anschläge vom 11. September 2001; die globalen Konflikte um den Abbau von Coltan; christliche Missionierungsbewegungen sowie das Verhältnis der westlichen Welt zum politischen Islam. Kodiert verarbeitet werden unter anderem: der Vietnamkrieg; der Jugoslawienkrieg, die europäische Kolonisation auf dem afrikanischen Kontinent sowie die deutsche Einheit.

Die noch recht übersichtliche literaturwissenschaftliche Befassung erklärt sich zum einen damit, dass das Theaterstück mit der Uraufführung am 6. September 2014 noch nicht lange veröffentlicht ist. Zum anderen erschwert die offene Struktur den Zugang zur Handlung, da die Szenen nur durch lose Erzählstränge miteinander verbunden sind. Sie können deshalb weggelassen, verschoben oder ausgetauscht werden. Darüber hinaus erfordert die Erschließung des Stückes die umfangreiche Verknüpfung von historischen und politischen Wissensbeständen.

Für eine weiterführende Arbeit empfiehlt sich eine eingehende Auseinandersetzung mit dem Einsatz von Verfremdungseffekten auf der Ebene der optischen Zeichen. Dazu zählen unter anderem: das Fehlen eines Bühnenvorhangs, das reduzierte Bühnenbild, der Einsatz sichtbarer Lichtquellen, das Einblenden von Projektionen sowie die Auswahl der Kostüme.

Literaturverzeichnis

Primärliteratur

Apocalypse Now!, Regie: Francis Ford Coppola. Drehbuch: John Milius, Francis Ford Coppola. USA 1979. Fassung DVD: Arthaus, Leipzig 2011. 145 Minuten.

Aristoteles: *Poetik*, übersetzt und herausgegeben von Manfred Fuhrmann, Stuttgart 2018.

Brecht, Bertolt: *Über experimentelles Theater*, in: *Schriften zum Theater* 1 (= Bertolt Brecht: Gesammelte Werke, Bd.15, hg. von Elisabeth Hauptmann), Frankfurt am Main 1982, S. 300-326.

Conrad, Joseph: *Heart of Darkness*, übersetzt von Sophie Zeitz, München 2015.

Lotz, Wolfram: *Die lächerliche Finsternis*. Hörspiel, Frankfurt am Main 2013.

Lotz, Wolfram: *Die lächerliche Finsternis*. Regie: Dušan David Pařízek. Burgtheater Wien 2014. Fernsehregie: Catharina Kleber, Hannes Rossacher. Fassung: Fernsehmitschnitt. ZDFkultur, 28.08.2015. 100 Minuten.

Sekundärliteratur

Balme, Christopher: *Theater zwischen den Medien: Perspektiven theaterwissenschaftlicher Intermedialitäts-forschung*, in: Balme, Christopher (Hg.): *Crossing Media: Theater – Film – Fotografie – Neue Medien*, München 2004. S. 13-31.

Kesting, Marianne: *Brecht* (hg. von Wolfgang Müller), Hamburg 1993.

Kugli, Ana / Opitz, Michael (Hg.): *Brecht-Lexikon*, Stuttgart 2016.

Speicher, Hannah: *Von der lächerlichen Finsternis im Herzen der Berliner Republik. Wolfram Lotz' Hörspiel- und Theatertext Die lächerliche Finsternis im Kontext neokolonialer Wirklichkeit(en) nach 1989*, in: Corinna Schlicht / Christian Steltz (Hg.): *Narrative der Entgrenzung und Angst. Das globalisierte Subjekt im Spiegel der Medien*, Duisburg 2017, S. 194-209.

Internetquellen

Anonym: *Die Ergebnisse der Theater heute-Kritikerumfrage 2015 – 42 Kritiker nennen Höhepunkte der Saison 2014/15*, <https://www.der-theaterverlag.de/theater-heute/aktuelles-heft/artikel/kritikerumfrage-theater-heute/>, abgerufen am 02.12.2020.

Anonym: *Festivalübersicht 40. Mülheimer Theatertage NRW – Mülheimer Dramatikerpreis 2015*, <https://www.nachtkritik.de/index.php?option=com_content&view=article&id=11003:festivaluebersicht-40-muelheimer-theatertage&catid=635&Itemid=84>, abgerufen am 02.12.2020.

Anonym: *Theater 10er-Auswahl. Die lächerliche Finsternis von Wolfram Lotz. Burgtheater Wien*, <https://www.berlinerfestspiele.de/de/berliner-festspiele/programm/bfs-gesamtprogramm/programmdetail_123286.html>, abgerufen am 02.12.2020.

Blechschmidt, Peter: *Luftangriff in Afghanistan. Das tödliche Gefühl des Oberst Klein.* <https://www.sueddeutsche.de/politik/luftangriff-in-afghanistan-das-toedliche-gefuehl-des-oberst-klein-1.46386>, abgerufen am 23.11.2020.

Browne, David: *'The Lion Sleeps Tonight': The Ongoing Saga of Pop's Most Contentious Song.* <https://www.rollingstone.com/music/music-features/lion-sleeps-tonight-lion-king-update-879663/>, abgerufen am 13.11.2020.

Bundesministerium der Verteidigung, Leiter des Presse- und Informationsstabes: *Horn von Afrika – EUNAVFOR SOM Operation Atalanta.* <https://www.bundeswehr.de/de/einsaetze-bundeswehr/bundeswehr-am-horn-von-afrika>, abgerufen am 12.10.2020.

Carstens, Peter: *Bundespräsident Köhler tritt zurück.* <https://www.faz.net/aktuell/politik/bundespraesidentenwahl/nach-heftiger-kritik-bundespraesident-koehler-tritt-zurueck-1977920.html>, abgerufen am 01.07.2020.

Checcin, Luise: *Die Listen der Vernunft.* <https://taz.de/!864758/>, abgerufen am 12.10.2020.

Collectif Ocora Radio France: Mnong Gar Musique du Vietnam, 1972. <https://www.youtube.com/watch?v=vx4cCXIqr5I>, abgerufen am 25.10.2020.

Flash Cadillac: Suzie Q, 1972. <https://www.youtube.com/watch?v=lbTReBWLpNU>, abgerufen am 25.10.2020.

Fuhrer, Armin: *Chaos und Farbbeutel bei Grünen-Parteitag.* <https://www.welt.de/print-welt/article571525/Chaos-und-Farbbeutel-bei-Gruenen-Parteitag.html>, abgerufen am 23.11.2020.

Grotelüschen, Frank: *Tolle Idee! Was wurde daraus? Dem illegalen Coltanabbau auf der Spur.* <https://www.deutschlandfunk.de/tolle-idee-was-wurde-daraus-dem-illegalen-coltanabbau-auf.676.de.html?dram:article_id=406493>, abgerufen am 23.11.2020.

Hein, Theresa: *Porträt von Wolfram Lotz: "Ich bin jetzt nicht total irre geworden dabei"* <https://www.sueddeutsche.de/kultur/wolfram-lotz-die-politiker-1.4583292>, abgerufen am 02.12.2020.

Henri Salvador: Der Löwe Schläft Heut' Nacht, 1962. <https://www.youtube.com/watch?v=GTVhBTLf68E>, abgerufen am 25.10.2020.

Jelinek, Elfriede: *Die Schutzbefohlenen.* Regie: Nicolas Stemann. Thalia-Theater Hamburg 2014, <https://www.thalia-theater.de/stueck/die-schutzbefohlenen-2014>, abgerufen am 02.12.2020.

Keim, Stefan: *„Die lächerliche Finsternis" – Ein Hörspiel als Bühnen-Blockbuster*, <https://www.deutschlandfunkkultur.de/die-laecherliche-finsternis-ein-hoerspiel-als-buehnen.2159.de.html?dram:article_id=306091>, abgerufen am 02.12.2020.

Kohlmaier, Matthias: *Nach Kundus-Affäre. Bundeswehr-Oberst Klein wird zum General befördert.* <https://www.sueddeutsche.de/politik/kundus-affaere-bundeswehr-oberst-klein-wird-zum-general-befoerdert-1.1435727>, abgerufen am 23.11.2020.

Lotz, Wolfram: *Rede zum unmöglichen Theater*, <http://dasuntergehendeschiff.blogspot.com/2009/09/rede-zum-unmoglichen-theater.html>, abgerufen am 02.12.2020.

Malan, Rian: *In the Jungle: Inside the Long, Hidden Genealogy of 'The Lion Sleeps Tonight'.* <https://www.rollingstone.com/feature/in-the-jungle-inside-the-long-hidden-genealogy-of-the-lion-sleeps-tonight-108274/>, abgerufen am 15.11.2020.

Ricke, Christopher: *Sie leisten wirklich Großartiges unter schwierigsten Bedingungen.* <https://www.deutschlandradio.de/sie-leisten-wirklich-grossartiges-unter-schwierigsten.331.de.html?dram:article_id=203276>, abgerufen am 12.08.2020.

Shirley & Lee: Let The Good Times Roll, 1956. <https://www.youtube.com/watch?v=2NeafOQn-wQ>, abgerufen am 25.10.2020.

Struck, Peter: Rede im Deutschen Bundestag; (20.12.2002). <https://www.bundesregierung.de/breg-de/service/bulletin/rede-des-bundesministers-der-verteidigung-dr-peter-struck--784328>, abgerufen am 01.07.2020.

The Beach Boys: Surfin Safari, 1962. <https://www.youtube.com/watch?v=KrPDLxmfWPM>, abgerufen am 25.10.2020.

The Doors: The End, 1967.
<*https://www.youtube.com/watch?v=BXqPNlng6uI*>, *abgerufen am 25.10.2020.*

The Rolling Stones: I Can't Get No Satisfaction, 1966.
<https://www.youtube.com/watch?v=MSSxnv1_J2g>, abgerufen am 25.10.2020.

The Tokens: The Lion Sleeps Tonight (Wimoweh), 1961.
<https://www.youtube.com/watch?v=OQlByoPdG6c>, abgerufen am 25.10.2020.

Utler, Simone: *Schuldspruch in der Fremde.*
<https://www.spiegel.de/panorama/justiz/piratenprozess-hamburger-gericht-verhaengt-hohe-haftstrafen-a-862317.html>, abgerufen am 12.10.2020.

Wagner, Richard: *Der Ritt der Walküren* (aufgenommen von den Wiener Philharmonikern unter der Leitung von Sir Georg Solti, 1965).
<https://www.youtube.com/watch?v=QDwCE13nyPo>,
abgerufen am 25.10.2020.

Wulff, Hans-Jürgen: Stichwort „Verfremdungseffekt", in: *Lexikon der Filmbegriffe* (digitalisierte Version, bereitgestellt durch die Universität Kiel), <https://filmlexikon.uni-kiel.de/index.php?action=lexikon&tag=det&id=1574>, abgerufen am 29.11.2020.